AF274650

NIÑO

ÆREA | *carménère*

Amir Or

Niño

Traducción
Khédija Gadhoum

859.4-1   Or, Amir
O   Niño / Amir Or -- Riells i Viabrea : RIL
           editores-Ærea | Carménère, 2025.

           94 pág. ; 23 cm.

           ISBN: 978-84-10248-78-6

           1 POESÍA ISRAELÍ. 2 LITERATURA ISRAELÍ.

ÆREA | *carménère*

Serie fundada por Eleonora Finkelstein y Daniel Calabrese
Edición al cuidado de Paco Najarro

NIÑO
Primera edición: noviembre de 2025

© Amir Or, 2025

© De la traducción: Khédija Gadhoum, 2025

© Ærea, 2025

Un sello de RIL® editores
SEDE SANTIAGO DE CHILE: Los Leones 2258 • CP 7511055 Providencia
☽ (56) 22 22 38 100 • ril@rileditores.com • www.rileditores.com

SEDE VALPARAÍSO • valparaiso@rileditores.com

SEDE ESPAÑA • europa@rileditores.com

Maquetación y diseño: RIL® editores
Diseño de colección: Marcelo Uribe Lamour
Imagen de portada: Fotografía del autor

Impreso en España • *Printed in Spain*

ISBN: 978-84-10248-78-6
Depósito Legal: GI 1874-2025

Derechos reservados.

A mi madre

Como el alma

Se sienta a orillas del agua
para asomarse al borde de un mundo
en busca del verde
en el seno de un reflejo.
En el abismo del cielo, un mundo encima de otro,
los juncos se doblan hacia el agua,
hasta lo más profundo de su corazón.

Rebuscando en su alma, en su propia sangre, se empeña
en saber en la Tierra el significado
de su sueño —
que ya había adivinado a través de su alma
y mordido hasta sangrar la viva carne
que lleva noticias de su muerte.

Por eso fluye como la sangre, aborrece como un alma
arrojado de su sueño, como si estuviera muerto;
y como la sangre persiste y vuelve a levantarse, como un
    alma que susurra
el incesante anhelo de su corazón —

En cada templo una plegaria aflora de la carne,
de cada ombligo
un niño anhela a su madre.
De toda carne, de cada templo y pecho,
todo lo roto
clama a gritos.

I

AMANECER

La tenue luz del amanecer tamizaba el trémulo follaje.
En este silencio nació el milagro del mundo,
desplegándose en líneas y colores —sin fin.
El canto de los pájaros ya anunciaba que era hora
para que yo, tú, naciera en un viejo sueño.

Ensordecidos por el pensamiento, cegados por el conocimiento,
sin pensar de dónde veníamos ni a dónde íbamos,
nos levantamos esa mañana para pasear por el jardín,
y anhelando tocarnos una vez más,
caímos — de nuestras almas al mundo.

El pasto se extendía de punta a punta. La oscura hiedra cubría los pilares de la veranda.

Las sombras se intensificaban y el viento soplaba en las espesas copas
    de los árboles.

Las mujeres yacían en filas en la sala de recuperación tras dar a luz;
    los hombres entraban con ramos de rosas.

El mundo se abría entre la luz y la oscuridad, desplegando su calado,
    revelando sus máscaras sin quitárselas.

Luego, al anochecer, la creación dio forma a pliegues: axilas perfumadas, rosas, follaje, horizontes. Las máscaras de la noche eran solo eso —rostros genuinos, rostros despojados, imposibles de borrar sin borrar el propio mundo.

Cuando nací, era de noche. Respiré el aire dulce. El mundo me acariciaba como el agua sobre la piel, y mi corazón era más grande que yo. El olor fuerte a comida insípida arrollaba desde el patio trasero del hospital de maternidad. No recuerdo su olor.

Amaba tanto como podía, pero su cuerpo renunció a ella. Me miró y se dio cuenta de que su vida había terminado. Era distante. Como no podía amamantarme, hablaba. Su reflexión se volvió mía, mía su mirada. Sus palabras eran imágenes claras del mundo. Eran palabras nuevas que yo examinaba una a una como si fueran colores o animales. Más tarde, en mi intento de sanar algo, logré amansarlas.

¿Cómo una mirada se convierte en recuerdo? ¿Y, el tacto en anhelo?

¿Cómo la mano, extendida en vano, se cierra vacía de palabras?

DÓNDE ESTÁS

¿Dónde estás? ¿Dónde estás?
¿Dónde están los ojos que veían
un mundo nuevo cada día?
¿Dónde está el camino que recorriste,
bastón en mano, luchando sin miedo
contra los racimos morados de cardos en flor?
¿Dónde está el abrazo de tu madre de aquellos días,
el pecho cálido y fragante
del universo?
¿Con quién te cambié
por esto? ¿Cuándo
te llevaron de aquí al exilio
dentro de mi corazón afligido?
¿Hasta cuándo, niño?
Amigo, vuelve a mí.

CÁMARA OSCURA[*]

La oscuridad no distingue entre las cosas,
no te reconoce
excepto por tu voz errante entre los ecos;
por el agrio olor de tu miedo,
por tu deseo
de arrancar tu imagen de la oscuridad,
de arrancarte una sombra
       de las sombras.
La oscuridad es una matriz sin paredes —
solo estoy yo dentro de mí.
En el cuarto cerrado y oscuro, un niño aprende
a escuchar, tocar, y ser
pulso y piel.

---

[*] Cámara oscura: en el sentido literal, la palabra «cuarto oscuro», se refiere a un recinto oscurecido que tiene una abertura a través de la cual entra la luz de los objetos externos para formar su imagen en la superficie opuesta.

En la calle

En la calle todos lo saludaban.
La felicidad caminaba al compás de sus pasitos,
del tendero a la costurera,
de la costurera a la lavandera,
el camino a casa estaba cubierto de caramelos
que le iluminaban la sonrisa
mientras él, el niño mimado, se los guardaba en los bolsillos —
ya que su mamá no se los permitía antes de comer.
El universo estaba hecho de amor;
la luz iluminaba la oscuridad
y la oscuridad no lo reconocía.

ÉRASE UNA VEZ, cuando el cielo aún era azul y un jet era un avión, se iba a la escuela en misiones secretas por la cordillera de Zaad que se extendía hasta las enormes cajas almacenadas en la aldea desierta de Sumeil. Ligero y atento, atravesaba el huerto abandonado, cubierto de matorrales tan altos como un hombre, que en realidad era una selva en la que se escondían bestias y hombres salvajes.

Con la mochila al hombro y la espada empuñada, se abrió paso entre las bandas enemigas que allí acechaban, despachándolas a diestra y siniestra, decapitando docenas de cardos morados que habían florecido, e hiriéndose con los pinchazos de sus espinas, pues tampoco eran cobardes, sino que se defendían aunque no tuvieran ninguna suerte contra su valentía y la fuerza de su brazo. Recorrió en silencio el espeso bosque, siguiendo rastros y lanzando una y otra vez su jabalina contra los innumerables leones y tigres que lo infestaban, salvajes y malvados, tan acostumbrados a la carne humana como las brujas que estaban encima del armario que separaba su dormitorio del de sus padres.

Y habiendo sobrevivido a duras penas, con su premio en la mano —un sapo, una tortuga extraviada o unos saltamontes bien guardados en una bolsa de plástico perforada— se echó entre los naranjos, envuelto en el matorral, y contempló durante una hora larga e imperturbable, las brillantes e intermitentes motas de polvo.

II

IDILIO

Altas crestas de nubes se ciernen sobre el agua,
olas desbocadas rompiendo en la orilla.
El horizonte se desvanece, más lejos que nunca,
y el firmamento se extiende en todas partes.
El río desemboca en un mar insaciable;
acariciado por los juncos de la orilla y los susurros de los
    eucaliptos,
el río fluye con su séquito de aves acuáticas.
El viejo puerto, renovado al gusto actual,
está rodeado, tal un anillo adornado, de restaurantes y bares.
Junto al puesto de salvavidas, un festín de sandías,
y niños chapoteando en aguas poco profundas,
empeñados en construir palacios de ensueño con arena.
El sábado, pasa la mañana con sus padres en Peepers' Beach,
y acaban el día tomando el postre en Montana Ice Cream.

A VECES PARECE QUE NO RECUERDO nada de mi infancia, excepto las historias que me contaba una y otra vez. Esas historias irradiaban felicidad, aunque siempre me provocaban cierta ira. Me las contaba una y otra vez, hasta que se convirtieron en mis recuerdos.

Intento aferrarme a otros recuerdos, los mudos, pero se me escapan de los dedos como un hilo inexistente, incomprensibles aunque colmados de sentido.

Para no ahuyentarlos, los busco a tientas: en el nido de una paloma en el alféizar de una ventana, la gorra de un enano rojo, el canto de una armónica, el olor de un libro, la picadura de una ortiga.

De ella aprendí que la vida puede contarse como una historia: creada y recordada por la memoria.

¿De verdad ocurrió todo esto?

Incluso si no fuera así, debería ser una alegoría. ¿Y con qué voy a jugar sino con el Lego del yo? ¿Qué juego sino el desarrollo de la ansiedad de ser alguien? Dame las verdaderas mentiras del recuerdo, aunque solo sea para que al desvanecerse me conceda una vez más el placer de liberarme de mí mismo.

Sacrificio por obligación

Termina tu plato, dijo él.
No tienes que hacerlo, dijo ella.
¡Termina!
¡No tienes que...!
Sus voces, estridentes, caían
sobre él y sobre cada uno de ellos —
pero el señor de su matrimonio
no veía con buenos ojos
la ofrenda de sopa
en el altar de fórmica,
ni al niño atrapado en el enredo.

Y TODO EL MUNDO LO OYÓ

Cuando su maestra de cuarto grado preguntaba,
él respondía, pero sin levantar la mano.
Así que día tras día,
ella le mandaba
sentarse en el primer grado.
Cuando dejó de hacer los deberes, ella le dijo:
hay un problema, y lo enviaron a un psicólogo,
pero de nada sirvió.
¡Illana! ¡Illana!, le gritó su madre desde el balcón
a la hija de los vecinos, su compañera de clase,
¿Qué había de tarea hoy?

CRUCIFICADO

No, no participa
en la excursión a las cuevas, a las termas de Tiberíades, ni
   a la orilla del mar.
Se queda en casa, se pierde un mundo,
se saca un ojo y mira con el otro
para ver
si el Diluvio ha retrocedido.

No, no ha cedido. Ellos
aún no lo han entendido;
amándolos y odiándolos,
crucifica su corazón,
y si le preguntas por qué —

su boca no tiene respuesta
Salvo los clavos en sus manos,
en su estómago, en su garganta y en su pecho.

GRIETAS ABIERTAS EN LAS PAREDES DE LA CASA

En una fila de cabezas reflejadas entre dos espejos
en las puertas del armario,
estaban uno frente al otro, padre e hijo,
como dos ejércitos listos para la batalla.
Dijo: «*soy más fuerte que tú, papá.*
Si me levantas la mano, estás muerto» —
y el mundo se congeló,
salvo una larga fila de padres
temblando en el espejo de aquel instante.

Mamá

lo persiguió
para lavarle la boca con jabón
para limpiar las palabrotas que habían salido
de sus labios por toda la casa.
Él se escabulló y ella le pegó.
Él corrió a su cuarto
y ella lo siguió, mas se quedó en la puerta
que él le cerró en las narices
con el sonido del cristal haciéndose añicos.
Al verla sangrar, sus ojos
brillaron de triunfo y terror.

Sin vaciar

El bolsillo azul del dolor
no se ha vaciado, no se vaciará
de las monedas contantes y sonantes
atesoradas para ti,
que amasaste mi espíritu hasta dejarlo sin forma.

Cómo rebajaste mi cielo
hasta que levanté mis manos para cargarlo,
cómo me protegiste los ojos de la luz
hasta que fui en busca de lámparas,
cómo arruinaste las semillas de mis sueños
hasta que las escondí del sol y la lluvia.

Ya no me complacía el ascenso del hombre
como un niño al amanecer.
Para siempre la carne desgarrada de mi corazón
por el recuerdo de sus rostros, sordos
al eco lacerante de la desolación.

Asustado, errante,
vigilando mi tienda y las hojas otoñales
aunque me siento en casa, al calor de las ollas y las puertas,
sus erguidas paredes derrumbándose sobre mí,
y en mi garganta, el peso de su cierre.

Salí con tus picotas puestas,
mis extremidades heladas por la ira y el miedo,
envuelto en pánico y deseo en cada hora de la noche,
cuidando lo que quedara de mi mundo.

(1980)

III

AFLIGIDO

Un ángel caído siempre recuerda
que la altura es profundidad,
          las alas —el miedo;
cómo su corazón fue desprendiéndose, hoja a hoja,
hasta quedarse completamente desnudo.
Un ángel que cayó
del amor a la esperanza
bate en vano sus alas fantasmales;
sediento y hambriento, las manos extendidas
hacia su alma en busca de caridad.
¿Cómo podría olvidar, cómo podría ser feliz
un ángel caído
con su dicha
que una vez fue cielo estrellado?

Niño

Un niño de nueve años que dejé solo
en el suelo, mirando las hormigas
en el patio del colegio.
Un niño que nunca más será traicionado,
que nunca dejará entrar a su madre en
su corazón,
que nunca dejará entrar a nadie,
y que añorará.

PÁRAMO

Los dejó para que discutieran entre ellos —
el hombre que lo golpeó
y la mujer que lo traicionó.
Escondió su corazón para protegerlo
de la herida, de la ternura
de todo lo que pudiera hacerle daño;
se marchó, precavido,
hacia el páramo del mundo.

¡Qué niño tan bueno!, le digo,
tan bueno.

AQUÍ ESTOY

Entre las tumbas de los muertos hacinados
me encontraron, me sacaron, me partieron por la mitad
con el cuchillo de la verdad de un carnicero —de este lado
    los vivos
y de aquel los muertos.
Aquí estoy.
Regresé del letargo, me quité
el caparazón de tortuga,
y descubrí que mi piel era humana, la de un niño,
de cinco o seis años, aún no silenciada.

Normalmente, cuando hablo con la gente, las palabras nos envuelven en una visión casi ilusoria que nos libera, unos de otros. Mas las palabras que llevamos dentro, desde antaño, no envuelven ni pasan. Quedan como rayos sedientos sobre las dunas movedizas del habla. Palabras íntimas, que rozaron como una mano o unos labios, aún susurrando sus eternos juramentos al pasar junto a ti. Palabras de amor y miedo aún impresas como yerras de ganado en los ojos que las buscan en vano. Unas cuantas palabras que pueden hacer más llevadero un corazón apasionado, pero cuando se repiten durante años como un hechizo protector, solo siembran olvido, engaño y añoranza.

Siguen aquí, dentro de mi cabeza, las conversaciones que continúan más allá de mí, cautivas en el purgatorio, entre el universo y las palabras.

¿A quién pertenecen todas estas voces?

Legión es nuestro nombre. Demonios de familia, demonios de doctrina y moralidad, posesiones y posesiones de posesiones, opresores y opresores de opresores, infinitas babushkas de palabras, generaciones de depredadores y presas que se han vuelto iguales.

Años después, ella seguía rodeándome de palabras, pero su fuerza se había debilitado. Yo ya rebosaba de aquellas otras palabras, las antiguas, que se habían vuelto mías; sin comprender, ya sabía que estas palabras se interponían entre el universo y yo.

Estás caminando

Estás caminando, aparentemente solo,
aunque por encima de tu hombro
una multitud obstinada sigue
observándote desde los confines de la oscuridad.
Allí, mamá aún regaña y acaricia,
papá advierte con una moraleja,
un maestro menea el dedo índice
el director golpea el escritorio con el puño.
Nourit*, que se comió tu manzana, la imagen
de una mujer cuya sombra te perseguirá —
cien voces susurrando al viento,
ordenándote con tu propia y precisa voz,
que las identifiques por su nombre, una por una,
y que te despidas y sigas adelante, solitario e independiente.

---

* El cuento de Nourit, a menudo mencionado en una conocida canción
infantil, narra la historia de un niño que busca el cariño de Nourit. En
un parque, le regala una flor y una manzana. Ella las acepta, tira la flor,
se come la manzana y se va con otro a jugar.

Exorcismo

¿Quién habla desde dentro?
¿Quién es el mísero, rebelde, autoritario
tan impaciente?
Se quedó al borde de la vida, alzando la voz:
¡fuera, papá!
Pero el espíritu —se aferra a él, se aferra a su reclamo;
¿y adónde iría? Este es su hogar.

PERSEGUIDO

En tu carne aprendiste a controlarte
a ti mismo, a tus seres queridos, a tus enemigos —a todos.
Resguardando tu mundo, solo te esforzaste por sobrevivir:
durante años habitaron tu corazón como fantasmas
de pena y pánico —de ellos, tu poder.

¿Y ahora eres tú quien regaña y acaricia,
quien tienta, miente y acusa?
¿Quién golpea las mesas con los puños, menea y reprocha
    con el dedo índice,
regaña y vocifera dictámenes airados?
Tú, no. No escuches las órdenes de las voces.

Y SI ME ABRO

Y si me abro el corazón
¿el pájaro será de libre vuelo?
¿Quién sabe lo que hay encerrado ahí dentro?
Quizás sea un gato volador,
quizás un pájaro con botas.

Día tras día, año tras año,
el fantasma de la tristeza sigue
marcando el paso tras las rejas,
asomándose desde mi pecho
a la gente que pasa.

Nadie sabe quién soy.
Tengo diez madres y ningún padre.
Eventualmente, me convierto en conejo —
él se escapa, y yo
lo remato de un solo tiro,
preparo un estofado de conejo
y a comer.

IV

REFLEJO

Estos son reflejos congelados para siempre.
Esta es la casa-espejo de la memoria:
un niño en la oscuridad juega al escondite con las sombras,
escabulléndose en los recovecos de la escalera,
y se convierte en sombra.
Un niño rompe con su imagen, soñando con su rostro interior.
En un espejo oscuro, revela la luz -
y ve.

A MI REGRESO

Le ofrezco mi mano y él la toma —
Ven, Amiri, vamos a dar un paseo.

Su mundo es más grande y hermoso que el mío,
con sus sonidos claros, sus colores brillantes.

El tiempo se detiene, y nos dejamos llevar
por una calle infinita, entre árboles y casas.

Majestuosas higueras dando sombra al día,
niños, madres, un lechero que pasa.

Ven, me dice, vamos a dar un paseo;
me entrega su corazón —y yo lo tomo.

PERDÓN

En mi sueño ella susurra
en mi pecho desgarrado
lo siento mucho,
hijo mío, y yo
arrullo en mis brazos
a mi madrecita
arrullo en mi corazón
su amor y el mío.

CUANDO NACÍ, ERA DE NOCHE. Respiré el aire dulce. El mundo me acariciaba como el agua sobre mi piel, y mi tierno corazón lo llamaba.

DESDE EL PRINCIPIO

Déjame salir de noche, cuando un mundo de penumbra
caiga sobre mi rostro y sobre las hojas.
Cuando ya no importe qué, ni cómo —
cuando la luna ya roce mi corazón.
Déjame salir de noche, al seno del mundo,
déjame descansar hasta que mi corazón esté entero y pleno.

Cuando emprendas el camino

Cuando emprendas el camino a Ítaca
no te olvides de enterrar a tus muertos.
No los lleves contigo para que no te arrastren
por su camino muerto a las ciudades reliquias;
tus pies se extraviaron entre amores muertos,
penas muertas, llevándote lejos
del reino de tu vida.
Cuando emprendas el camino a Ítaca, olvida
que alguna vez conociste Ítaca.

EDÉN

En el bosque

En la oscura noche, en su silencio más profundo,
nos adentramos en el bosque, tú y yo.

Nos depuraremos del resplandor de la vida
dejando la buena sombra aliviar nuestros ojos.

Sin luz de luna, en el estrépito del mundo,
desvelaremos nuestros corazones.

Árboles y animales, con sus almas despojadas de sus cuerpos,
nos susurrarán un viejo conjuro:

juntos en el mismo enjambre volamos —
donde empezamos, el mundo no termina.

De noche, en el bosque, como un hombre en una mujer
nos fundiremos voz con voz, susurro con susurro.

Mas temprano en la mañana, antes del amanecer,
entre el ajetreo y la quietud, entre la oscuridad y la luz,

cuando cada espíritu se vista con el cuerpo de su apariencia,
volveremos a partirnos en dos, tú y yo.

Del seno de la noche, naceremos huérfanos,
perdidos y ciegos, buscándonos a tientas.

Bajo la brizna de luz, nos separaremos cada cual por su camino,
mientras los bosques de ensueño se derrumban,
    convirtiéndose en polvo,

y un mundo se reunirá, línea con línea, pared contra pared —
hasta que en el espejo de tu rostro no reconozca el mío.

Nos encontramos al pasar, tocándonos sin tocar,
nos adentramos en el ocaso, nos hundimos en el fervor de
    los latidos,
y volvemos a despertarnos de noche, envueltos en la
    oscuridad,

bosque en bosque, yo en ti.

EDÉN

Adán, Adán, ¿dónde estás? ¿Dónde estás? —
Eva me buscó por todo el jardín.
Adán, Adán, tu vida es un instante fugaz.
¿No quieres conocer el amor?

Como un cautivo aturdido, la seguí
y la serpiente de mi corazón llegó alzando el lomo;
pero cuando morí entre sus muslos,
mi alma también en mí murió, de amor.

Café

En algún lugar, en algún momento (era lunes)
en una mesa de esquina de un café sin nombre
me senté a escribirme un poema urbano,
para ponerme al día:
«merezco algo mejor», dije, «¡y más!
Lo pedí *caliente* pero me llegó *tibio*».

Se sentó cerca, a una silla de distancia, y
enseguida me preguntó: «¿qué estás haciendo?»
A veces es mejor callar
(pedí *salado*, pero quería *dulce*):
«estoy escribiendo», respondí, «una canción urbana —
una especie de pequeña charla, conmigo mismo».

Se me cayó la pluma —se sentó tan cerca—
Yo quería un *chorrito rapidito*, pero me vino *lento*.
Nunca ha cambiado de tema ni de predicado:
preguntando cada mañana, «¿Qué estás haciendo?»
«Buscando mi pluma», le digo,
«se me olvidó en una mesa de un café sin nombre».

Tanto quería la *crema* pero me conformé con el *negro*,
quería *volar alto* pero me quedé de *brazos cruzados* —
«Merezco algo mejor», dije, «una segunda ronda:
déjame intentar de nuevo escribirme un poema urbano».

ESTÁS SENTADO EN EL PATIO

Estás sentado en el patio frente a su ventana.
Arriba, ella observa, hermosa, llorando.
Es tu hermana,
pero no hay salvación para ustedes dos,
ningún alma cercana —
ninguna puerta que conduzca
de tu soledad a la suya.
Y tú
te consuelas con palabras
tu existencia,
y tu amor es dolor
y tu dolor, amor.

Adónde

De pie a orillas del día
mis ojos buscan el horizonte —
mi vida va y viene,
olas en la superficie del sueño.

Ya no eres mi amor,
se acabó la noche de pasión.
Tu amor tampoco está,
perdido en otro espejo.

Las olas del tiempo golpean —
tras la pleamar— el reflujo.
Yo y uno más
voy y vengo —¿adónde?

CONTEMPLANDO LA ESTATUA DE ANTÍNOO*

A través de los siglos,
entre los ahogados del Leteo** que desvanecen lentamente,
tus ojos blancos y ciegos,
aún contemplan su profunda belleza,
y tus labios mustios besando
mi corazón errante y dormido.

---

*   Antínoo: el amante griego del emperador Adriano, que se ahogó en el
      Nilo y fue deificado y venerado en todo el imperio romano.
**   Leteo: en la mitología griega, *el río del olvido*, uno de los cinco ríos del
      inframundo.

A ORILLAS DEL MAR

En la orilla me siento en silencio:
las olas van y vienen
hasta que todo el dolor se alivia,
hasta que mi corazón se recupera.

Me siento en la orilla, en el murmullo sin fin
mis anhelos se hacen a la mar.
Mi alma busca convertirse en ola,
para volver al mar del corazón.

PLUMAS

[Belgrado]

La orquesta matinal
solo percusionistas
huele a lluvia

De vez en cuando
entre las hojas del álamo
un cielo, un ave

La lluvia ha parado
dos filas de edificios
un cuervo en vuelo

[Q<small>ATSIR</small>, I<small>SRAEL</small>]

Un muecín al alba
en la cumbre
el gallo canta

[Tel Aviv]

Una señal de stop
de vuelta a casa
un gato arrollado

[BELGRADO]

Un árbol a lo lejos
cumbres frondosas
nacen de la niebla

[Pekín]

Alba en el callejón
un barrendero
cúmulos de ayer

Canto de trinos
árbol de fuego.
¿Adónde van, pájaros?

Inhalando, exhalando
luna llena
la noche vive

[VENTSPILS, LETONIA]

A orillas del arroyo
la copa del álamo
en el lago del cielo.

Colmado el pico
de trozos de carbón
una grulla.

En el aeropuerto
entre aquí y allá
nada es mío

[CETNIJA, SERBIA]

La flor del tilo
llena el aire
con recuerdos de otro.

[ZLATIBOR, SERBIA]

Fuera del sanatorio
nadie molesta
el descanso del pino.

[Sagar Ka Rasta, Jaipur]

A orillas de un arroyo
las vacas pastan
tranquilamente

[TEL AVIV]

De noche, nadie
en el jardín público
la tierra gime

Noche en mi lecho
el olor de tu cuerpo
nunca concilia el sueño

Amor

Por un instante
el viento unió
dos hojas que caían

Paz

La tormenta se calmó
una paloma picando
bajo el olivo

Vacío al fin
ni una pluma en las
alas del mundo

DESDE EL PRINCIPIO

BENDICIÓN DEL PAN

Aquí, donde nuestra madre es una sola,
saboreo en este pan,
cada grano de trigo.
Hoy entraste en mí
y mañana también seré trillado
y en su vientre
volveremos a ser uno.

Canciones de OG

Canción de la tribu

Llevando el árbol de mi vida
descanso en mi sombra.
Al fluir sobre las rocas
discurro como el agua
y me deslizo con los demás
en sedosa unidad.

Y cuando nuestro cielo se nubla
nos vestimos de truenos,
respiramos tormentas de lluvias,
y soltamos el lastre de nuestra furia,
dándonos un alivio al chocar unos con otros,
regándonos de nuevo al igual que nuestra tierra.

Luego, cuando nos despejamos otra vez de un horizonte
a otro,
desarrollamos largas plumas blancas
y rodeamos nuestros confines,
en el borde del cielo.

CANCIÓN DE CAZA

Te mataré, oh gran ciervo,
me comeré tu tierna carne.
Ya he inhalado tu cálido aliento,
ya he recibido tu espíritu en el mío
y somos uno.

Deja que tu carne entre en mi carne,
deja que tu fuerza se una a la mía.
Mírame a los ojos, oh gran ciervo,
corre rápido con mis ágiles piernas.

CANCIÓN DE AMOR

Al mirarte
me pongo de mujer
y me convierto en luna.

Más que nada
me pongo mi propio yo
al mirar todo
a través de tus ojos.

Miro atravÉs de los ojos de los monos

Miro a través de los ojos de los monos
mientras juegan con mi cráneo en lo alto de los árboles.
El águila me lleva volando,
con mis entrañas en las suyas.
En el seno de la tierra
me arrastro con los gusanos
que se llevaron mis ojos de sus órbitas;
Soy verde y crezco en la hierba
impregnada con mi carne podrida.

¡Oh, cuerpo mío,
cómo has crecido!

El evangelio según Teófilo

Yo, el eterno Teófilo,
agotado de mis inagotables días
vaticiné para ti la hora del necio,
aquel que sale a matar
con su risa.

Yo, Teófilo, siempre errante,
contemplando vidas
más desgastadas que mis sandalias;
vidas de segunda, de tercera y de cuarta mano,
y todas las manos son mías,
extendidas para mendigar en su puerta más humilde.

Pues este es el dolor que vuelve a afligirte,
tan fácil de encontrar y tan querido para perder
al igual que las alas de un pájaro en vuelo
¡Oh, dolor inspirador!

Y desciendes al valle
en sueños como cuando estás despierto
y allí ves árboles inclinándose hacia el arroyo
y fruta y agua,
y reflejos en las ondas,
y miel en el aire, y todo es verde.

Y luego disparas a los animales
y construyes un oleoducto en el valle
y con asfalto cubres el aliento de la tierra,
y sigues hablándome de tu amor condicionado,
caminando por todas partes, desde Poncio hasta Pilato,

agitando a modo de expiación
el santo periódico de tu dios.

Oh, diosa mía,

mira, mis palmas son iguales a las del mono,
y, yo como él, soy un hijo de tus bosques,
aunque ya me resulta difícil
comprender.

Aun así, puedo ver hasta a la criatura más pequeña
bajo la bota alzada para pisotearla,
y es todo cuerpo y alma en oración,
temblando en su dirección,
con la espalda estirada haciendo reverencia:
¡No, no me mates!
Pero están sordos con sus auriculares
y sus corazones encallecidos
y sus ojos mugrientos, incapaces de ver
la bota que se cierne sobre su propio cielo.

Y cultivan setas del fecundo bosque
y del invierno de sus sueños. ¡Oh, qué setas!
Sus ojos están atónitos,
pues nunca habían recogido setas tan grandes, hermosas
y atómicas;

Y el fuego llegará, y su aliento extinguirá
todas las balas, las setas y las llamas de aceite.
Desde las entrañas de la Tierra, el Fuego se alzará
hasta que la Tierra olvide que se llamaba
esfera.

Y la Ola la cubrirá como una manta
para un largo sueño de olvido.

Y como una enorme herida carnosa, la tierra se cerrará
sobre la inmundicia, la putrefacción candente

y el vapor abrasador del Fin;
y la Tierra, desgarrada, con su carne en llamas, se cerrará
y de su recuerdo crecerá una nueva piel.

Y la vida, siempre en lucha,
volverá a reparar la materia desechada del Fin,
y el océano, ancho y profundo, volverá a llenarse de agua;
y en una oleada lenta y silenciosa,
como criaturas de ensueño
alucinadas y extrañas
los hijos del Fin despertarán en la preciosa penumbra
y la bendita radiactividad
brillará solo para ellos.

Yo, Teófilo, te deploro eternidad,
vi todo esto y no volveré más.
Solo esperaré la cosecha de las balas
que siegue a todos, que sacie toda hambre.

Estaré en el ojo de la tormenta, crucificado por la vanidad,
riendo y riendo como un averno abierto,
como un diablo piadoso que se ve reflejado en tus ojos —
¡Oh, gran bestia de la risa!

Y en la nueva de mi evangelio
que mata a todos los intrusos,
el mutante, la bestia del Fin, se levantará
al son de mi carcajada,
esperando la bala final.

Regresa

Regresa y bailaremos otra ronda,
nuestro fin aún no ha llegado.
Regresa y quitémonos el sombrero
ante cada criatura viva y cada árbol;

ven y como entonces, juntos
volveremos a abrir nuestros corazones
hasta que dejemos de lado el miedo,
hasta que recordemos quiénes somos;

no olvidaremos de dónde venimos
y recordaremos hacia dónde vamos —
nuestro corazón estará firme en la rueda
pues es el rey de cada instante;

regresa y disfrutemos
de la eterna danza,
el sí con el no, y el amigo con el enemigo
en este corazón sin orillas.

EN LA RUEDA

En el cuarto oscuro

1

En un cuarto oscuro juego al escondite con las sombras
me adentro en los recovecos de las escaleras,
me convierto en sombra.

2

En el cuarto oscuro tres brujas se sientan en el armario.
Enciendo la luz y se vuelven transparentes.
Pasan los años.
Siguen ahí, esperando.

3

En el cuarto oscuro revelo la foto
de una chica desnuda.
Poco a poco aparece en el papel.
La dibujo,
le seco el revelador,
la envuelvo con un abrigo.

4

En el cuarto oscuro, en una sesión de espiritismo japonés,
conjuro al espíritu de la zorra*.
«¿Estás casada?», le pregunto.
«De momento, no», me responde.
Entrelazando nuestras colas, caminamos
hacia el espejo.

5

En el cuarto oscuro descubro
una puerta que da a
un cuarto oscuro.

6

En el cuarto oscuro, a la tenue luz de las velas,
bendigo a mis devotos.
Con las piernas cruzadas, se apiñan en el suelo,
con la cabeza gacha.
¿Quién de ustedes me dejará?

7

En el cuarto oscuro, se oyen
golpes fuertes en la página.
Las palabras «puerta» y cierre» se estremecen, se desgarran.
Otro Amir irrumpe en el cuarto, echándome
a otro cuarto oscuro.

---

* En el folclore japonés, el espíritu de la zorra adopta la forma de una
hermosa joven que tienta a los hombres para apoderarse de su cuerpo
o alma.

8

En el cuarto oscuro retrato
al hombre del espejo.
A su rostro destrozado le digo:
«en este encuadre no cabemos los dos».

9

En el cuarto oscuro, tras una puerta cerrada,
ya llevo tres días sin dormir,
bebiendo café negro de una taza negra,
y escribiendo en un cuaderno negro:
«En el cuarto oscuro, tras una puerta cerrada,
ya llevo tres días sin dormir…»

10

En el cuarto oscuro me alejo de mi imagen,
sueño con mi rostro interior.
En un espejo oscuro revelo la luz —
y veo.

En la rueda

Para servir de cuento o de ejemplo sencillo,
un hombre como yo no necesita un alma.
Ando recorriendo de aquí para allá, ¿y para qué?
Hoy estoy; mañana ... bajo tierra.

¿Y luego, para dónde? —para estar de nuevo en la rueda,
y caminar de nuevo desde el principio hasta otro final.
Respóndeme, mar que arrastra hacia dentro ola tras ola:
¿cuál es el sentido de este recorrido sin orillas?

En el camino nos saludaremos y de nuevo nos despediremos
y un cuerpo llamará a otro cuerpo como un abismo a otro.
Una vez más nos preguntamos cómo hemos llegado hasta aquí
y una vez más alabamos nuestro sueño cautivo.

Solo en los momentos de lucidez, cuando desciende el otoño,
nuestros corazones chocarán de repente contra sus paredes;
y entonces despertaremos solos, cautivos, hambrientos,
atados por mil visiones de ilusión.

Según recuerdo

En una orilla solitaria, escucho
sin cesar el murmullo de las cañas,
ni un pensamiento, ni una palabra pronunciada,
solo un pájaro gritando en lo alto:
¿Quién vela por el mar?
¿De quién es la mano que escribe?
¿Quién habla con su alma
aquí, en la orilla de Chionghai?

Aquí una caña responde a otra,
y la corona de una palmera susurra:
la altura es profundidad —
y en el profundo silencio
todos los espíritus serenos callan.
Aquí yo también descansaré,
poniéndome con el sol
en el cielo de los lagos de mis ojos.

[Sichuan, 2012]

Olas

Me siento solo, rey de la ribera,
y no me importa nada, las olas me arrullan
con su único canto:
todo va y viene; alabado sea el mar.

Su canto va y viene, fugaz aunque presente,
lo único que percibe mi corazón: un mundo siempre en
    ascenso y descenso.
¿Adónde vas, canto mío? Ninguna ola termina jamás.
todo va y viene; alabado sea el mar.

---

*   Alabado sea el mar: En hebreo Hallelujam, expresión parecida a Aleluya, *Alabado sea el Señor.*

ÍNDICE

Como el alma 9

I

Amanecer 13
El pasto se extendía de punta a punta 14
Dónde estás 15
Cámara oscura 16
En la calle 17
Érase una vez. 18

II

Idilio 21
A veces parece que no recuerdo. 22
Sacrificio por obligación 23
Y todo el mundo lo oyó 24
Crucificado 25
Grietas abiertas en las paredes de la casa 26
Mamá 27
Sin vaciar 28

III

Afligido 31
Niño 32
Páramo 33
Aquí estoy 34
Normalmente, cuando hablo con la gente 35
Estás caminando 36
Exorcismo 37
Perseguido 38
Y si me abro 39

IV

Reflejo 43
A mi regreso 44
Perdón 45

Cuando nací, era de noche   46
Desde el principio   47
Cuando emprendas el camino   48

EDÉN

En el bosque   51
Edén   53
Café   54
Estás sentado en el patio   55
Adónde   56
Contemplando la estatua de Antínoo   57
A orillas del mar   58

PLUMAS

[Belgrado]   61
[Qatsir, Israel]   62
[Tel Aviv]   63
[Belgrado]   64
[Pekín]   65
[Ventspils, Letonia]   66
[Cetnija, Serbia]   67
[Zlatibor, Serbia]   68
[Sagar Ka Rasta, Jaipur]   69
[Tel Aviv]   70
Amor   71
Paz   72

DESDE EL PRINCIPIO

Bendición del pan   75
Canciones de OG   76
Miro através de los ojos de los monos   78
El evangelio según Teófilo   79
Regresa   82

EN LA RUEDA

En el cuarto oscuro   85
En la rueda   88
Según recuerdo   89
Olas   90

Este libro se terminó de imprimir
en noviembre de 2025

RIL® editores • España

europa@rileditores.com

Se utilizó tecnología de última generación que reduce el im-
pacto medioambiental, pues ocupa estrictamente el papel
necesario para su producción, y se aplicaron altos estánda-
res para la gestión y reciclaje de desechos en toda la cadena
de producción.